MOBILITES

MOBILITES

Du même auteur

Alessandra, Nadejda, Sabrina. *BoD 2012*

MOBILITES

Jean-Luc Netter

MOBILITES

Repérage chez Camus, Céline et Théophile Gautier

BoD

MOBILITES

Illustration couverture : Jean-Luc Netter (huile sur toile)

MOBILITES

Les mobilités sont souvent associées aux migrations collectives. Les formes de mouvements, de déplacements qui les constituent sont des pratiques spatiales, sociales intégrées à des modes de vie bien spécifiques. Le nomadisme, l'errance, le voyage (et pourquoi pas la fuite, l'exil) qui caractérisent ces mobilités sont des formes qui peuvent tout aussi bien affecter une vie individuelle. Le nomadisme se caractérise par des déplacements incessants, une fréquentation de lieux multiples, une absence de véritable sédentarisation. Le nomade c'est l'être de la route, celui qui vit « on the road again ». Il se distingue de l'errant, car son déplacement n'implique pas un écart par rapport à un domicile fixe. Mais tout comme lui, il se déplace mais sans tenir compte d'un lieu de départ ou d'arrivée. A la base de cette nécessité de se mouvoir, on peut trouver mais pas nécessairement un conflit au sein d'un contexte politique, socio-économique. L'origine peut cependant être d'une toute autre nature, plus intérieure, personnelle. De nos jours, on tend à définir le nomade comme un être qui fait sa demeure du voyage, réel ou intérieur. Pour un être attiré par le dépaysement, tout déplacement vers un ailleurs n'est qu'une réponse à une « pulsion nomade » (*) et une concrétisation d'une nécessité à laquelle il doit expressement répondre. Toujours par extension, cet état de perpétuel mouvement peut s'appliquer à d'autres domaines de la vie. Ainsi parle-t-on aujourd'hui par exemple de nomadisme numérique. On peut naître nomade. Mais on peut également le devenir au cours de sa vie à la suite d'événements souvent imprévus qui poussent à connaître le déracinement involontaire. Cet opuscule évoque la trajectoire de trois écrivains célèbres marqués par la mobilité. Celle qui affecta Théophile Gauthier revêt un caractère culturel, cognitif, volontaire. Entre fuite et insatisfactions. En ça, l'écrivain se rapproche de l'errant, du bohême. Le refus de sédentarité est vécu non comme une privation mais comme un ethos. Celle de Céline peut être perçue comme la résultante de comportements et de prises de position politiques. Ici, l'errance possède un visage triste. Déracinement. Exil au final. Elle s'oppose à celle des chevaliers aventureux - figures favorites de notre imaginaire - ou de Rimbaud. Le nomadisme de Camus s'avère lui moins géographique. Il est davantage d'ordre affectif. Un attachement maternel puissant au sein d'une enfance singulière paraît avoir conditionné sa vie affective d'adulte. Enfin, pouvons-nous préciser que le changement, l'originalité, l'inconstance restent souvent connotés négativement voire rejetés par la société. Il s'agit là

MOBILITES

d'un autre aspect du sujet sur lequel il conviendrait de s'interroger, tout particulièrement à notre époque.
* « Eloge du divers ». Sarga Moussa

Un des grands malheurs de la vie moderne, c'est le manque d'imprévu, l'absence d'aventures. »
Th. Gautier, Voyage en Espagne. 1840

MOBILITES

MOBILITES

De l'attachement maternel au nomadisme affectif

Il ne s'agit pas de porter un jugement. Mais plutôt d'établir un constat, avec des hypothèses, des analyses, portées par une théorie ou non. Le constat ? Il est relativement simple : Camus a croisé le destin de plusieurs Femmes. L'explication (s'il en faut une) d'une vie amoureuse riche et passionnée l'est moins. Quoique ! Mais d'abord, pourquoi s'attarder sur cette partie de la vie, dite « vie privée », de cet Homme aux talents multiples? Sans doute parce qu'à l'intérieur du couple « vie publique-vie privée » de tout un chacun, il y a des liens plus ou moins étroits. Si l'on se penche sur un des éléments de ce couple, si on le décortique, avec des finalités bien arrêtées, on peut (doit) aussi élucider, comprendre le second élément (de cette bipolarité) comme une raison, une conséquence, une origine du fonctionnement du premier. Peut-on imaginer les deux éléments de ce couple sans lien entre eux, dans la vie d'un Etre humain? Parfois ce

MOBILITES

lien reste indicible, cependant l'affectif, avec son implication sexuelle, conditionne bien souvent impérieusement la vie sociale, socio-professionnelle, de l'Humain. Peut-être davantage chez les artistes, qui s'en nourrissent abondamment. Au niveau créatif, la tension qui s'exprime dans l'acte peut s'interpréter comme la sublimation d'une énergie sexuelle qui voudrait se répandre. Cette charge énergétique, cette surcharge parfois, oriente aussi la vie amoureuse, en dehors d'une cérébralisation de l'amour. Le platonisme, qui enseigne théoriquement le cruel oubli du corps avec le mépris de la chair, peut engendrer d'étranges fleurs du mal allant de la névrose à l'hypocrisie, à la tromperie, à la prostitution, à la « fédéralisation » du sexe (Onfray). Nietzche par ailleurs écrivait : « L'élément corporel donne la prise avec laquelle on peut saisir le spirituel ». Mais il ne s'agit pas ici de faire l'apologie d'une vie amoureuse « débridée », généralisée, dans laquelle le corps ne serait plus maîtrisé au sein de notre société (occidentale). Ni même de faire une généalogie d'un parcours pulsionnel individuel. Il s'agit de voir si le comportement d'un Homme qualifié de Don Juan ou de Casanova peut être perçu différemment que par l'étonnement, le rejet, le pardon (c'était quand même un grand Homme ! pourrait-on entendre

MOBILITES

dire...!) Le parcours littéraire de Camus, au sens large, est indissociable de son rapport aux femmes, dont la première reste la mère. Comme pour chaque homme, la mère a façonné l'enfance du fils. Dans la famille Camus, le père n'est déjà plus là. Et c'est bien de ce point de départ si singulier pour chacun que se dessine le trajet affectif futur, que se trame le tissus dans lequel l'individu va trouver ou non une place, sa place. Cette mère, Catherine Sintès, est analphabète, silencieuse; elle élève ses deux enfants Lucien et Albert sans leur père, tué en 1914, lorsque le petit Albert avait tout juste un an. Quel avenir possible au 93 rue de Lyon, à Belcourt, ce quartier algérois, pour un petit garçon, si ce ne sont les rencontres, l'exploitation précoce de talents individuels? Quand l'esprit est curieux, tout devient possible. D'ailleurs, comment ne pas être avide de tout connaître quand on a tant de lacunes dans de nombreux domaines comme ceux de la langue, écrite, orale, de l'expression, de la communication ! Sentir, ressentir les choses, ne pas et ne plus les intérioriser (comme ce fut longtemps le cas), mais les divulguer. S'emparer de la langue. Peut-il s'agir d'une revanche (inconsciente) sur ce que la vie ne lui a pas donné, lors des premières années de sa vie? N'y a t il pas eu désir, envie de s'en sortir, mais aussi d'être vu, reconnu, de sortir de l'ombre, d'être

MOBILITES

« dans le soleil » ! Sous ses rayons, Meursault perdra la raison. Le soleil peut donc être porteur de la Mort ou tout au moins d'une « Mort-Renaissance », témoin d'un Passage vers un autre espace-temps. L'écriture tout comme les arts plastiques, le théâtre ou la danse peuvent faire passer l'individu de la solitude à la Lumière, à la notoriété. Cette mère, sans doute idéalisée, l'était d'autant plus que le père était « manquant ». Le rapprochement naturel fils-mère s'en est trouvé plus que renforcé au fil des ans. Il n'y a pas eu vraiment de présence masculine déterminante au foyer -même si l'oncle Etienne et l'oncle Gustave peuplaient l'univers familial- pour délier un lien sans doute fusionnel et permettre à Camus de ne pas toujours dépendre, inconsciemment, d'une image maternelle « forte », unique, modélisante, indestructible, difficile à « dépasser » et à remplacer. Camus n'a pas reçu la langue maternelle en héritage; il s'en est emparé. La langue première d'un enfant reste la langue de la mère, la langue maternelle, laquelle s'implante dans l'esprit neuf comme une marque indélébile. Un rapport étroit à la mère peut déboucher sur un rapport étroit à la langue (maternelle). Frédéric Mistral en est un exemple flagrant. Il a défendu le Provençal, sa langue maternelle, qui a été un véritable ciment

MOBILITES

entre sa mère et lui-même. Camus n'a certes pas eu cette chance en matière de communication intrafamiliale. Mais l'école élémentaire de la rue Aumerat lui a permis de s'emparer de rudiments, de parfaire ce qui lui a manqué, originellement. Ce fut une sorte d'opération réparatrice même si le silence restait encore tenace entre les deux Etres. Par ailleurs, une grand-mère, Marie Cardona-Sintès, trop brutale n'a pu permettre à Catherine, la mère de Camus, d'installer une parole communicative, expressive avec ses enfants. Ainsi la mère et la langue ont pu être déterminantes dans les choix futurs de Camus, inconscients ou non. L'absence de construction intérieure, de repères masculins a pu générer une recherche éperdue de ce qui constituait le pilier de son enfance, à savoir un univers exclusivement féminin, très exacerbé. Cette polarité féminine, on la retrouve dans la création notamment -l'univers du sensible par excellence- et chez la ...Femme. Cette quête, ces conquêtes tout au long de sa vie peuvent être vues comme la trace, le reflet d'un refoulement affectif qu'il a pu manifester envers sa mère. Une introversion des sentiments, qui par la suite, le rangera davantage dans la séduction, la multiplicité que dans la profondeur des sentiments. Du manque de « défusion » occasionnée par un père absent est née une confusion dans les sentiments. D'où un nomadisme, un vagabondage pour se nourrir et savourer des voluptés vénusiennes. Mais Camus comme Meursault ne s'interdisait-il pas de privilégier les sentiments au détriment des sensations? Dans la nouvelle « Jonas ou l'artiste au travail », Camus présente la femme de l'artiste comme dévouée, conseillère, attentive. Il écrit notamment sur l'amour : « un peu d'amour, c'est énorme. Qu'importe comme on l'obtient ». La séduction va prendre le pas sur l'enracinement (quel qu'en soit la durée). Comment ce sevrage maternel « imparfait » retentira sur ses idées? Peut-on voir dans l'absence de position envers l'indépendance de l'Algérie un reflet inconscient de son lien maternel non mature, en tant qu'adulte? Comment vouloir perdre quelque chose sans laquelle on ne peut vivre? Sa vie, c'est cela : la peur de la perte, le besoin d'avoir deux éléments qui rappellent la structure parentale « défunte ». Une femme dédoublée d'une maitresse. Et même plusieurs, afin d'être toujours sécurisé. Une vie de combat, surtout de questionnements, de prises de position, d'expression de liberté(s). Il dénonçait les atrocités coloniales mais ne pouvait se faire à l'idée de « perdre » sa Terre, sa mère, sa patrie, sa langue. Le lien était trop fort. Il rechignait à voir les deux pays se séparer. Un sentiment angoissant de perte, d'abandon pouvait s'en suivre et raviver des pans de mémoire encore douloureux. L'Algérie, c'est son souffle, sa respiration, tout comme l'est sa mère, comme le sont ses épouses (Simone Hié, Francine Faure), ses maîtresses (Maria Casarès, Patricia Blake, Catherine Sellers, Mi la jeune Danoise rencontrée en 1957, qui fut son dernier amour). Il n'est pas prêt à voir sa terre natale devenir étrangère. Les événements qui s'y passent constituent pour lui un pénible déchirement entre son attachement à la terre qui l'a vu naître et sa position d'Intellectuel français de gauche. Ses conquêtes, il sera incapable de les abandonner totalement, de vivre une nouvelle aventure sans rester en relation avec la précédente. Peur de la solitude, de cette solitude vivace, ancrée au plus profond, qui renvoie au mutisme de sa mère et de son silence qui restait un « profond langage ». Contraint de refouler ses échanges affectueux et langagiers, il pouvait se percevoir comme un enfant « abandonné ». Pourtant, il ne tiendra pas rigueur à cette mère puisque tous deux étaient liés, par le sang, le silence, les souffrances familiales.

MOBILITES

Camus a-t-il été un homme qui a choisi un refuge, une sécurité dans l'écriture (acte solitaire) et dans la sexualité, partagée avec plusieurs femmes?

Elles ont pu être en surnombre dans sa vie pour compenser un vide béant affectif installé jeune, du fait d'une non-réponse maternelle à ses souhaits les plus légitimes et intimes d'être aimé comme doit l'être un enfant. Incapacité d'aimer? Incapable d'engagement? Manque de modèle familial? Peurs inconscientes prolongées dans sa vie adulte? Sans aucun doute possible, sa passion première restait l'écriture, lui qui avait notamment renoncé à l'enseignement, craignant la routine. Quant aux Femmes, Camus trouvait-il « le bonheur » dans l'éphémère (d'une relation) plutôt que dans la durée? Était-il un Âtre de désirs en plein éveil et vite lassé, insatisfait en permanence? Telles les Muses pour le peintre, ses conquêtes pouvaient redynamiser sa puissante force créatrice.

Sur le plan littéraire, on remarque que le rôle des femmes reste assez secondaire dans ses œuvres, la figure de la mère exceptée. Amputation dûe à cette blessure affective profonde. Néanmoins, chez Camus, c'est souvent par les femmes que l'histoire advient, tragiquement. (Caligula, la Chute...). Le théâtre, quant à lui, propose des figures féminines plus fournies que dans les autres œuvres, par désir, sans doute de donner des rôles à Maria Casarès. La Femme réelle pouvait davantage le nourrir que la femme virtuelle, couchée sur le papier.

Dans la nouvelle » La femme adultère », la Femme est cependant davantage présente, un peu de manière flaubertienne : Janine, qui s'ennuie, accompagne son mari Marcel lors d'un déplacement destiné à vendre des tissus. C'est au cours d'une nuit qu'elle « trompera » son mari en ayant un intense rapport physique avec les « espaces de la nuit ». Camus personnifie les éléments naturels et décrit de manière allégorique un orgasme.

Que dire également de la présence de trois Catherine dans sa vie ! Le souhait de prénommer sa fille du prénom de sa mère en dit long sur le lien. Celui de s'amouracher d'une femme portant également ce même prénom (Catherine Sellers, qui l'a « touché au cœur », dira-t-il) peut être perçu comme un déplacement, une translation de l'amour de sa mère sur sa maîtresse. Sorte d'omniprésence maternelle qui confère, dénote une dépendance affective, une immaturité.

Camus, comme chacun d'entre nous, a été marqué dans son rapport affectif singulier à la mère. « Aucune cause , même si était restée innocente et juste, ne me désolidarisera jamais de ma mère, qui est la plus grande cause que je connaisse au monde ». Sa vie affective adulte, sans la qualifier ni la juger s'est donc révélée assez instable, marquée de liaisons croisées. Sartre évoquait chez Camus un « humanisme étroit et pur, austère et sensuel ». Quant à Jean Daniel, parlant de son ami, il dira qu'on peut très bien « trouver le salut » dans un Donjuanisme débridé. « Malgré tout le prestige dont il jouissait, il vivait dans une solitude très dure » écrit Pierre Chambert, un temps assistant théâtral auprès de Camus. Maria Casarès dira de son amant qu'il « erre comme un taureau blessé ». Sans doute a t il cherché à se nourrir de manière boulimique; et avec en toile de fond cette peur du vide, de la solitude, de l'abandon. D'où les multiples figures féminines qui se superposaient dans sa vie. Mais combler des manques, n'est ce pas le propre de la vie de chacun?

Camus semble être un écorché, un Etre à la recherche du sens de l'Existence (ironie du sort, sa voiture s'écrase près de Sens), quête engendrée par la qualité de son enfance. Plaire était sans doute « le centre de sa vie ». Et tous les moyens étaient bons pour y parvenir. La recherche de compagnie, si possible amoureuse devenait vitale puisqu'il avait horreur de la solitude. Mais c'est avec élégance,

MOBILITES

douceur et bonté qu'il parvenait à avancer dans sa vie privé même si son besoin de sécurité affective démesurée l'amenait à vivre une vie parfois tumultueuse. Solitude intérieure, silence, mort, avaient pu déclencher une infirmité, un handicap affectif chez le petit Camus, parfois terrorisé par sa grand-mère maternelle. Et l'apparition de sa propre maladie n'a pu que renforcer chez lui une prise de conscience de la nature de notre condition de mortel.

La réflexion sur le suicide est aussi la trace d'une souffrance ou tout au moins d'une interrogation très personnelle. Même si l'idée de la mort est pour lui l'expression ultime de l'absurde, et qu'il prône le maintien dans l'Existence en observant avec lucidité l'absurdité de la vie, il évoque le suicide comme un « geste personnel qui se prépare dans le silence du cœur ». Cette réflexion peut se voir comme l'expression donc d'un malaise interne qu'il faut évacuer, élucider.

Ainsi donc, Camus -de par son enfance et son rapport à la mère- a semble-t-il erré au sein de son monde affectif, à la recherche « d'une part manquante » initiale. Le lien maternel singulier qui s'est tissé a pu se révéler handicapant pour sa propre vie affective adulte. Cette gestion des affects lors de l'enfance a pu conduire Camus à l'instabilité,

MOBILITES

à la multiplicité des partenaires de vie, ne parvenant pas ainsi à remplacer ce premier amour fort (pour les raisons évoquées) par un autre, unique. Son enracinement, ses attaches enfantines se manifestaient encore de manière intense en tant qu'adulte. S'est-il senti davantage errant que nomade ? Camus a entretenu avec son enfance des relations ambiguës et douloureuses ; elles ont donc rejailli sur sa vie sentimentale adulte. Conflit intérieur en mal de résolution ? On peut le penser. Peut-on adhérer facilement à ces hypothèses ? Cette approche de Camus, vue à travers le prisme de l'intime, laisse-t-elle entrevoir une part de vérité ? Camus était lucide, juste, honnête avec lui-même ...et les autres. Et c'est bien là le principal.

MOBILITES

Péripéties d'un voyage au bout de la vie

Avant de quitter la France en 1944 et de vivre l'errance, Céline vivait un quotidien semblable à celui d'un animal traqué. Même à Montmartre, où il habitait, il se sentait sans cesse épié. D'écrivain admiré, il était devenu le symbole de tout ce qui représentait l'Occupation et avant tout de la persécution des Juifs. Tout se passait comme si la haine qu'il avait déversée sur les autres depuis 1937 se retournait contre lui. Ayant dans ses actes moins collaboré que d'autres, il apparaissait néanmoins, parce qu'il s'était déclaré antisémite, comme une figure de premier plan de la Collaboration. D'ailleurs, il était présenté ainsi dans les messages de la BBC.

Dans les dernières semaines qui précédèrent son départ de France, Céline paraissait donc suspicieux. Sa vie basculait peu à peu en ce mois de

MOBILITES

juin 1944. Il ne se sentait plus en sécurité. Sachant qu'il allait bientôt partir, il avait songé à se procurer de l'argent liquide. Ainsi, il avait vendu le manuscrit de la seconde partie de « Guignol's Band ». Bien qu'il se tenait à l'écart de toutes les institutions de la Collaboration, il était souvent invité à telle ou telle inauguration. Sa présence pouvait laisser penser qu'il manifestait donc de l'intérêt pour les thèmes abordés. La presse rendait souvent compte de son passage lors d'événements. Ses écrits -notamment ses pamphlets où l'acharnement et la haine se dessinaient envers les Juifs-, sa plume polémique, ses injures et la défaite pressentie de l'Allemagne rendaient le départ proche, la fuite éminente.

Si certains amis lui proposèrent refuge, au Pays basque ou en Bretagne, ceux de la Butte l'évitaient désormais. D'ailleurs, il avait eu une violente querelle avec l'un d'entre eux, Gen Paul, le peintre de Montmartre ; scène que Céline emporta avec lui en exil et pour le reste de sa vie. Il ne le revit jamais plus et regretta intensément cette relation unique qu'il avait eue avec lui.

C'est donc en juin 1944 qu'il décida de partir avec sa femme Lucette et Bébert, leur chat, pour le seul refuge possible, le Danemark. Pays où l'attendait son or, mis en sureté par Karen Marie Jensen, amie, danseuse qu'il avait connue près de

MOBILITES

Paris ; mais il leur fallait passer par l'Allemagne. Céline avait obtenu un passeport allemand et s'était fait également établir une carte d'identité française au nom de Deletang. Afin de ne pas éveiller trop de soupçons, il laissa dans son appartement les manuscrits inachevés de « Casse-pipe » et emporta avec lui ceux de la seconde partie de « Guignol's Band ». Il confia à Marie Canavaggia, sa secrétaire et collaboratrice, un double de ses écrits, au cas où.

Le départ eut lieu le 17 juin, à la gare de l'est. Comme il avait des doutes sur son déroulement et la suite des événements, il emporta avec lui deux flacons de cyanure. La traversée de l'Allemagne, à feu et à sang, dura 9 mois, avec un itinéraire en zigzag. Ce périple servit de matière à l'élaboration des trois derniers romans de Céline : « D'un château l'autre, Nord, Rigodon ».

Peu après le départ, le couple fut contraint de s'arrêter à Baden-Baden, près de la frontière franco-allemande, durant deux mois. Il y logea incognito sauf pour le responsable nazi de l'établissement. Cette étape représenta une sorte de prison dorée, un ilot de paix, de luxe, tout au moins au début. Céline fit une demande d'autorisation d'exercer dans une région proche du Danemark. A la fin du mois d'août, il obtint une affectation pour Krantzlin, ville située à 100 km de Berlin. Installé, le couple

MOBILITES

Destouches se rendit lors d'une journée à Rostock dans le but d'explorer les possibilités de passage vers le Danemark. Mais au même moment, Céline et sa femme apprirent que les Allemands avait installé les officiels français de la Collaboration dans le château de la famille princière des Hohenzollern, à Sigmaringen, en Forêt noire.

    C'est au terme d'un trajet éprouvant avec de multiples changements de train pour échapper aux bombardements des avions alliés que fin octobre 1944, ils arrivèrent à Sigmaringen. Par la suite, Céline fut employé dans le cabinet d'un confrère allemand mobilisé. Il avait pour tâche de soigner les nombreux réfugiés. Lucette, quant à elle, avait obtenu l'autorisation de faire ses exercices de danse quotidiens dans une galerie du château. Le statut de médecin donna à Céline la possibilité d'accéder auprès de certains résidents dont ceux qui étaient sensibles à sa notoriété d'écrivain. Dans les conversations, il se refusait à la langue de bois. Son plaisir était de dire ce que les autres refusaient de voir : la déperdition de l'Allemagne. D'ailleurs, il fondait tous ses espoirs dorénavant sur un départ vers la Suisse et demanda en janvier 1945 une autorisation d'entrée. Durant ce séjour à Sigmaringen, Céline délaissa un peu l'écriture. Sa préoccupation était ailleurs car il sentait bien que le temps était compté. L'armée du Général Leclerc allait bientôt arriver sur les lieux. Finalement, c'est le 19 mars que Céline obtint l'autorisation d'entrer au Danemark, grâce au responsable allemand Werner Best. Le couple repartit avec Bébert et Germinal Chamoin -l'infirmier de Céline à Sigmaringen- qui les accompagna jusqu'à la frontière.

La période du 22 au 27 mars fut apocalyptique. Le voyage de Sigmaringen à Copenhague se fit sous les bombardements, dans des wagons réduits à l'état de plate-forme, parfois même en feu et avec de nombreux changements de train. La mort était une menace de tous les instants. Arrivés au Danemark grâce à un bateau de la Croix-rouge, ils trouvèrent ici un pays en paix, à l'opposé de ce qu'ils avaient connu durant ces derniers jours. Mais ce ne fut cependant pas pour eux le paradis. Certes tout restait semblable ici à ce que Céline avait connu avant 1939. Mais en 1945, il n'était plus ici un simple touriste. Dès son arrivée, il remercia W. Best puis contacta une amie de Karen Marie Jensen pour obtenir un logement et récupérer les boites contenant son or. Son apparence physique, ses vêtements témoignaient de la guerre dont il sortait ; il ne pouvait guère passer inaperçu. Pour paraître incognito, il se laissa pousser la barbe. Le mois de mars arriva. Le 6 précisément, fut un jour particulier pour Céline : sa mère mourut. Il ne put assister aux obsèques.

L'inquiétude était sensible dans les précautions qu'il prenait pour rédiger ses lettres et obtenir des nouvelles de France : c'était Lucette qui écrivait et qui signait Courtial, nom du héros de la seconde partie de « Mort à crédit ». Mais ces précautions ne servirent à rien : trois semaines après son arrivée, à Paris, un juge d'instruction, sur requête d'un membre de la cour de justice de la Seine, délivra un mandat d'arrêt contre Céline, suivi d'une demande d'extradition. Malgré les dénégations qu'il multiplia pour sa défense dans les mois suivirent, Céline était conscient des haines qu'il avait suscitées depuis 1937 par ses écrits polémiques. Par ailleurs, sa santé commençait peu à peu à se dégrader avec notamment la présence de vertiges, sans doute en relation avec le traumatisme d'octobre 1914. Suite aux hallucinations et aux bouffées délirantes qui survenaient, Lucette le dissuadait de quitter la maison.

Mais son besoin de respirer « un air de France », d'entendre parler français le poussait parfois en dehors. Il se rendait à quelques manifestations culturelles. Il lui était nécessaire aussi de savoir ce que devenaient, en France, ses amis. Il poursuivait son travail d'écrivain, peinant toujours sur la mise au point de la seconde partie de « Guignol's Band ». Par ailleurs, il avait cherché à renouer avec Marie Canavaggia. Il lui portait une grande confiance et avait besoin d'elle. C'est elle qui lui adressait des revues, des quotidiens (le Monde, l'Humanité), ainsi que des partitions, pour Lucette. Mais il ne perdait pas de vue que ces échanges de lettres notamment restaient dangereux. Le nom de Courtial n'était plus suffisant. Marie adressa le courrier au nom de Almanzor. Quant à Céline, il lui écrivait à l'observatoire de Paris, au nom de Renée Canavaggia, la soeur de Marie et souhaitait qu'elle brûle les lettres. D'autant plus qu'il se laissait aller à son penchant habituel, l'injure, dès qu'il se savait traqué, ce qu'il ressentait d'ailleurs vivement depuis l'arrivée des communistes au gouvernement, en novembre 1945.

A Copenhague, l'ambassade de France n'ignorait plus la présence de l'écrivain au Danemark et en avisa le gouvernement français. Le 15 décembre 1945, l'hebdomadaire parisien « Samedi soir » reprit la nouvelle. L'information fut ensuite diffusée par un quotidien danois et le 17, le chef de la représentation diplomatique exigea d'urgence l'arrestation du couple en application d'une

MOBILITES

convention d'extradition entre les deux pays. Suite à cette demande, le Danemark demanda à la France « une spécification des chefs d'accusation retenus contre l'inculpé ». Le Quai d'Orsay répondit que « Céline était considéré comme l'un des collaborateurs les plus notoires de l'ennemi et son châtiment était réclamé par tous ». Cependant aucun enquêteur français ne vint l'interroger au Danemark.

Céline fut incarcéré le même jour. Au bout de quelques semaines, une dégradation de sa santé physique et mentale survint à nouveau. Il supportait mal la détention. Il ne comprenait pas pourquoi il se retrouvait enfermé. Dans les lettres à Lucette, il oscillait entre plaintes et vitupération. Il écrivit :« Je n'ai rien de commun avec les hommes , j'éprouve envers eux une horreur »;   « les Allemands, ces animaux maudits, les cocos sont possédés par une haine diabolique ». Après un interrogatoire par la police durant lequel on lui dit qu'il était accusé d'avoir agi contre les intérêts de la France, il communiqua, dans une première défense, qu'il n'avait jamais collaboré, qu'il n'était qu'un écrivain et qu'il demandait le statut de réfugié politique. Il le dit oralement lors d'un nouvel interrogatoire. Suite à des malaises liés à une entérite chronique, il fut transféré à l'infirmerie ; ce changement de lieu était pour lui un soulagement.

Lucette fut libérée dès la fin décembre. Elle avait toujours été et restait toujours essentiellement une présence silencieuse auprès de Céline. Elle revint habiter dans l'appartement de Karen. Mais des problèmes d'argent se manifestèrent au sein du couple Destouches. Et comme Céline semblait entretenir une relation névrotique avec l'argent, il s'en prit à Lucette violemment. Elle a pensé alors à se suicider. Quand Céline quitta la prison, lui-même fut obsédé par la mort.

En novembre 1946, il fut transféré au Sundby hospital, établissement où les visites étaient plus libres. Céline y rencontra un confrère danois K. Lundbaek avec qui il s'entretint, sans retenues. Il dit notamment : «C'est eux qui ont commencé.....les juifs, les critiques.....ils m'ont attaqué, les invectives, les procès.....ils me persécutent et quand je le ressens, je les attaque..... »; « J'ai choisi avec un instinct aveugle la partie surement perdante.....ils ont tout.....l'argent, la presse, les banques.....Ils ont la fermeté, l'intelligence, la ténacité....c'est leur heure.....j'ai un besoin de démolir, de me détruire moi-même. Je défie le malheur. C'est pervers, masochiste. Parce qu'au fond de moi, je suis un couard, j'ai toujours peur, mais je suis tiré vers mon angoisse.....l'instinct de mort ».

Au début de 1947, sa situation de détenu menacé d'une extradition, d'un procès et d'une condamnation pouvait maintenir Céline loin de toute préoccupation littéraire, du moins vu de l'extérieur. En fait, la littérature resta présente à son esprit notamment avec une certaine attention à la vie littéraire parisienne. Il entretenait toujours une correspondance avec sa secrétaire-collaboratrice Marie Canavaggia et Lucette avait l'autorisation de lui apporter des livres. Il se mit à parcourir l'œuvre complète de Châteaubriand, nota des passages et des citations qui pouvaient donner de Céline en ces moments-là une image assez éloignée de celle qu'il donnait habituellement. Ces citations « humaines, morales » figurent dans ses Cahiers de prison.

Abandonnant « Guignol's Band », il entreprit la récapitulation des expériences vécues entre le printemps 1944 et le début de 1946. « Le récit de notre misère », dit il à Lucette. Cette récapitulation fera figure de première esquisse aux quatre romans que Céline écrira entre cette période et sa mort.

Quant aux Lettres d'exil, elles représenteront plus de la moitié de la correspondance connue de Céline. Elles lui ont permis de respirer, de rester en contact avec l'extérieur. Tout passait par elles. Elles ont occupé la place qu'aurait occupé l'écriture littéraire romancée. Le passage de l'écriture du roman à celle de lettres où foisonnaient agressivité, rébellion et hargne apportait au style du futur manuscrit la fameuse transposition de « l'émotion parlée au style écrit ». C'est Marie Canavaggia qui assurait la transformation des manuscrits en livres imprimés, étant devenue plus que jamais sa femme de confiance, lui étant éperdument dévouée.

Le quotidien devenait un calvaire sans fin. Le 24 janvier 1947, à la suite d'une campagne de presse danoise communiste, Céline fut transféré à nouveau à l'infirmerie de la prison. Son avocat se fera grandement insulté. Le Danemark avait pris la décision de ne pas extrader Céline. Ainsi, le 24 juin, il fut donc libéré sur parole après avoir signé un engagement de ne pas quitter le pays.

Qui sait d'ailleurs ce qu'il serait devenu s'il avait été extradé. Dès sa libération, il rejoignit Lucette dans le nouveau logement qu'elle occupait. Le couple mena une vie de solitaire dans le froid, limitant les dépenses. Ce fut une période de quasi-réclusion consacrée à l'écriture. Lucette s'adonnait à la photographie et donnait des leçons de danse clandestinement. Les conditions morales pesaient plus encore que le reste. Tout lui semblait bloqué malgré les efforts et les lettres. Il menait sur place et par correspondance une lutte de tous les instants

MOBILITES

pour sa survie, à tous les niveaux : pour obtenir la republication de ses romans d'avant-guerre (en réplique aux polémiques qui le visaient dans la presse française), contre les poursuites judiciaires. Ainsi il dit pour justifier sa présence compromettante : «Je suis descendu à Sigmaringen par patriotisme pour entendre parler le français parce que je suis un musicien créateur de la langue française et que loin du parler français, je meurs. La monstruosité précisément est qu'on me tienne hors de la langue française». Le plus dur était l'exil lui-même, la séparation, notamment avec ses amis de Montmartre, de Bretagne mais aussi la privation d'un contact avec le français oral. De plus, il échangeait peu avec Lucette et sa santé s'était beaucoup dégradée lors du séjour en prison.

Une fois passé le soulagement ressenti par la libération, ce fut la fureur qui donna souvent le ton de ses correspondances. Personne n'y échappait, journalistes, écrivains, amis....l'humanité toute entière. Il continuait à considérer le sort qui lui était fait comme une insupportable injustice. L'unique explication de la hargne restait pour lui le séisme provoqué dans les Lettres françaises par « Voyage au bout de la nuit ». A Milton Hindus, un admirateur juif, il dit que ce qui entretient l'éternel antisémitisme, c'est l'orgueil qu'il y a des deux

MOBILITES

cotés : il faudrait « laver tout le linge sale....hurler haut et fort les griefs des aryens contre les juifs et des juifs contre les aryens.....puis il ne resterait plus qu'a s'entendre ». Cette époque durant laquelle il essayait de justifier ses idées fixes était aussi celle du début de la guerre froide entre les deux blocs. Il confia sa peur de revoir « les cavaliers remonter en selle », redoutant l'apocalypse, mais tantôt y aspirant.

Il avait sans cesse le désir de renouer avec les fils de son passé, en proie à la nostalgique des dix ans passés à Montmartre. Céline tenta de se rapprocher du peintre Gen Paul qui avait été pour lui un frère. Cependant l'artiste ne souhait plus que son nom soit associé à celui de Céline. Volonté de se tenir à distance dont l'altercation de 1944 avait été le détonateur. Gen Paul avait malgré tout participé à un appel (signés par de nombreux artistes) en faveur de l'écrivain qui mettait l'accent sur le fait que la justice française ne lui reprochait pas des actes mais des idées. Céline engagea aussi une bataille dans l'opinion. Plusieurs défenseurs lui proposèrent des services. Paraz l'écrivain mais surtout M. Hindus, universitaire américain qui distinguait « les jugements esthétiques de la position politique » (témoignage inespéré pour

MOBILITES

l'exilé) et avec qui il échangea beaucoup sur la nature de ses travaux d'écrivain. Pendant toutes ces années, Céline manifesta son Existence, refusa de se laisser enterrer par le silence. Il ferrailla même avec certains quotidiens et même écrivains. Paraz lui fit connaître l'accusation de Sartre disant que « s'il a soutenu les thèses nazis, c'est qu'il était payé ». Céline le traita de chacal en réponse.

Il lui fallait aussi reprendre pied dans le milieu littéraire dont l'exclusion représentait pour lui un exil dans l'exil. Pour retrouver vraiment sa place comme écrivain dans l'opinion, Céline voulait obtenir la réédition de ses romans d'avant-guerre. Il était lié à Denoël quand celui-ci fut assassiné. Les éditions restaient la propriété de la veuve, laquelle n'était pas disposée à le publier d'autant plus que la Maison était en procès pour collaboration. En avril 1948, la Cour de justice acquitta les éditions Denoël. Mais la veuve de l'éditeur refusa de se dessaisir des droits sur l'ensemble des ouvrages que la maison possédait. Céline envisagea alors d'autres solutions afin d'être publié en Suisse ou à Monaco. Mais sans succès. Il songea alors à faire imprimer ses livres à l'étranger pour le compte d'une maison d'édition fictive qui porterait son propre nom. Mais l'espoir vint de chez Gallimard qui proposa de publier un texte, inédit. Les Cahiers de la Pléiade

MOBILITES

dirigés par Jean Paulhan, un ancien du comité national des écrivains (qui avait mis Céline sur liste noire) lui ouvrit ses pages. Cependant, la violence d'un texte sur Sartre posa problème et finalement ce fut un refus.

Le Voyage au bout de l'espoir continua. Le 19 mai 1948, le couple Destouches quitta Copenhague pour Klarskovgaard, lieu-dit près de la ville portuaire de Korsor où il logea dans la propriété de l'avocat de Céline. Contraints et forcés, car les propriétaires de leur ancien logement à Copenhague furent de retour au Danemark. Louer dans la capitale s'avérait être trop cher d'autant que les seules rentrées étaient la vente de quelques manuscrits comme la version A de Féerie qui avait été vendue à un mécène. « Klarskovgaard, c'est un pas de plus vers l'enterrement » écrivit Céline. La rigueur du climat et l'isolement étaient pour lui une épreuve supplémentaire. Les deux maisons que le couple occupait selon les saisons étaient sommairement équipées et la petite ville de Korsor, où se trouvaient les commerces était à 7 km. La mer était proche, mais nue ; il l'appelait « la mer muette ». Pendant un peu plus de trois ans, Céline a vécu un exil dans des conditions extrêmes. La présence de Bébert le chat adoucissait certes les rigueurs du séjour mais Céline souffrait du froid

MOBILITES

entre autres et supportait difficilement le manque de contact et l'éloignement de la langue française. Là encore, Lucette était son ultime réconfort, en la voyant se mouvoir. Vivre loin de la Danse lui semblait impossible. Il continuait dans l'agressivité, la vocifération et les polémiques avec la presse se poursuivaient toujours avec le même rythme.

Quant au procès, il était constamment retardé. Un mal ?

Sa première visite fut celle de M. Hindus, durant l'été 1948. Mais ce fut une déception réciproque. Peut-être avait-il lu « Bagatelles » et changé d'avis au sujet de l'écrivain. Une hostilité entre les deux hommes allait même grandir suite à une publication que Hindus s'apprêtait à faire où il allait rendre compte de ses relations avec Céline. Dans le numéro des Cahiers daté de l'été 1948, était paru le premier texte littéraire de Céline depuis la Libération. «Casse-pipe». Début d'un roman inachevé certes mais majeur car il faisait le lien entre «Mort à crédit» de 1936 et «Guignol's band» de 1944. Dans le même temps, Céline refaisait surface dans les librairies sous un autre aspect, celui de polémiste. Paraz avait rassemblé des lettres de Céline, les avait publiées sous le titre « Le gala des vaches ». Mais ce ne fut pas une bonne idée car certains s'étaient reconnus dans l'univers familial et amical de Céline. Cloîtré dans sa maison, loin de tous, Céline écrivait abondamment différentes versions de ses futurs romans en donnant parfois libre cours à l'expression crue de fantasmes sexuels. Sorte d'abandon en roue libre qui ne l'empêchait pas de poursuivre « Féerie » et d'adresser à Maria Canavaggia des paquets successifs de feuilles représentant une première mise au net du manuscrit.

La seconde visite fut celle de Pierre Monnier, homme de droite, admirateur de l'écrivain. Céline comprit très vite d'ailleurs l'aide qu'il pouvait lui apporter et lui accorda sa confiance. P. Monnier allait se placer, jusqu'au retour de Céline, au cœur de sa défense, aussi bien en matière de justice qu'auprès de l'opinion. Il s'engagea aussi dans la réédition des œuvres de l'écrivain mais seule la moitié des tirages fut vendue. Sachant que son sort dépendait de la situation politique française, et en particulier du Parti Communiste Français, il restait en contact par les journaux avec le monde extérieur. Jusque dans les mois qui ont précédé le procès de 1950, les éléments de sa défense étaient seulement diffusés de façon privée. Céline s'attardait sur l'accusation de trahison et de collaboration. Il dit à nouveau qu'il n'avait pas appartenu à une institution ni à un organe de collaboration, qu' il n'avait pas participé aux voyages en Allemagne organisés pour des écrivains favorables par les autorités d'Occupation, qu'il avait refusé la présidence d'un groupe de médecins collaborateurs, qu' il n'avait pas publié d'articles dans les journaux collaborationnistes, tout au plus ces journaux avaient ils rendu publics des lettres qu'il avait envoyées au directeur ou à un journaliste. Il précisa qu'il n'avait jamais été payé; « La gratuité est ce qui sépare le journaliste qui est payé pour propager des idées et l'écrivain qui reste écrivain même quand il exprime des idées qui sont les siennes. » Avant même le début de l'instruction, il avait prévu de se défendre sur les « Beaux Draps » précisant qu'il n'y était pas question d'Allemands et que ce livre avait été critiqué dans la presse collabo et même interdit et saisi sur ordre de Vichy. L'antisémitisme continuait malgré tout de s'exprimer dans cette œuvre. Sans cesse, il répétait qu'il n'avait jamais été un écrivain pro-allemand, qu'il n'avait pas fait de propagande, qu'il était parti en Allemagne car c'était le seul chemin pour aller au Danemark et qu'à Sigmaringen il n'avait été que médecin et en faveur de ses compatriotes. Rien dans les faits allégués ne justifiait donc l'accusation de trahison que visait

MOBILITES

l'article 75 du code pénal au titre duquel il était poursuivi (Pas d'intelligence avec une puissance étrangère, pas de livraisons à cette puissance de matériels appartenant à la France...)

Juridiquement le cas Céline en cours d'instruction était à la fois évident et ambigu. Tout le monde avait conscience que le fondement réel des poursuites était la violence inouïe de ses écrits antisémites d'avant et durant la guerre. Mais le délit d'incitation au racisme ne sera inscrit dans la loi française qu'en 1972. Avant cette date donc, ces propos relevaient encore de la liberté d'opinion. La morale et le droit ne semblaient pas coïncider. Il faut rappeler que Céline n'était pas à court d'ennemis. Les Juifs, les Communistes, les confrères écrivains, sans doute à cause du foudroyant succès du « Voyage » en 1932. Il disait qu'il exprimait aucun regrets concernant l'antisémitisme qu'il dénonçait. « Je ne voulais martyriser personne. Je voulais empêcher certains clans juifs de pousser la France à nouveau dans la guerre ». Mais était-il de bonne foi avec cet argument ?

Que fallait-il penser aussi quand Céline déclamait que ses textes n'étaient pas à prendre au sérieux. Cynisme ou non ? Il parlait d'une forme « énormément comique » de son antisémitisme. Le pic de celui-ci a été atteint dans une de ses lettres de mars 1946 rédigée en prison : « enfin et surtout il n'y a jamais eu de persécution juive en France. Les juifs ont toujours été parfaitement libres (comme je ne le suis pas) de leur personne et de leurs biens dans la zone de Vichy pendant toute la guerre. ». Céline ne savait sans doute pas tout ce qui s'était passé dans les camps. « Eux me persécutent, je ne les ai jamais persécutés ». Il s'enfermait dans une certitude de bon droit. Tétanisé dès lors par l'injustice et la persécution dont il pouvait se croire victime, il utilisait une inépuisable invention verbale mise au service de ce ressentiment. Il réagissait encore de manière obsessionnelle, guerrière, comme un chien enragé.

Durant l'approche du procès, l'avocat de Céline avait contacté un confrère, Me Tixier-Vignancour, homme politique de droite. Le dossier fut transmis en mai 1949 au substitut du procureur qui allait décider de la juridiction devant laquelle serait renvoyé Céline. Pour les crimes et délits de collaboration, il y en avait deux : les cours de justice et les chambres civiques, pour les dossiers moins lourds. Le procureur, après avoir reçu de Céline une série de lettres sidérantes par leur ton et leur contenu, conclut à un renvoi devant la Chambre civique, avec comme conséquence une demande de levée du mandat d'arrêt ; cependant une révélation précoce des conclusions dans un quotidien avait anéanti l'espoir ; le cas fut confié à un nouveau Substitut. Les charges ne furent pas plus lourdes et le dossier fut renvoyé cette fois en cour de justice (décembre 1949). L'absence de l'accusé aux deux audiences entraina un procès par contumace fixé au 21 février 1950.

A nouveau, Céline inonda de lettres toute personne susceptible de lui apporter quelque chose dans ce procès ; il écrivit même au Président du Conseil G. Bidault ; il envoya un exemplaire de Casse- Pipes » à chaque ami et un exemplaire du jugement qui avait innocenté la Maison Denoël du crime de collaboration avec l'ennemi. Pierre Monnier s'employa à réunir en faveur de Céline des témoignages écrits, les seuls qu'autorisait la procédure par contumace, en provenance de Marcel Aymé, d'Henry Miller, de Jean Dubuffet notamment. La presse communiste quant à elle fit tout pour obtenir une condamnation la plus lourde possible.

L'audience du 21 février se termina par un verdict d'un an de prison et 50 000 francs d'amende, dégradation nationale et confiscation de la moitié des biens. Il fut moins lourd qu'escompté et Céline le reconnut. Il remercia un à un ceux qui l'avaient aidé. Ce verdict aurait pu mettre fin aux démêlés de Céline avec la justice française : il avait purgé au Danemark la peine de prison à laquelle il était condamné, et même davantage. Mais pour faire admettre cette équivalence, il fallait obtenir des documents puis l'accord du procureur de la cour de justice. Au fil des mois, le dossier ne bougea pas. Céline ne voulait pas encore passer un hiver de plus à Klarskovgaard. Au début de l'année 1951, son moral et sa santé s'étaient dégradés. Pour un retour plus favorable en France, il fallait donc contourner l'obstacle du parquet. C'est Tixier Vignancour qui s'en chargea. Ainsi, ce fut donc le tribunal militaire (ancien combattant, Louis Destouches avait été blessé durant la guerre et titulaire d'une citation) qui s'occupa du dossier de son client. Finalement, le condamné fut amnistié en avril 1951 par le tribunal et en juillet Céline et Lucette rentrèrent en France.

Pour Céline, le rapport entre ses écrits antisémites et le génocide subi par les juifs n'existait pas. Le lieu de la littérature, pour lui, est hors juridiction. Les écrits n'engagent pas la personne, et ce n'est pas lui qui a inventé l'antisémitisme. Innocent, donc, à jamais et victime, pour toujours. Mais qui se fera justicier dans ses

MOBILITES

livres. La littérature est restée pour lui un champ de bataille. L'écriture était un art de la guerre. Quelques mois plus tard, un arrêt de la cour de cassation cassa le jugement avec le motif suivant : l'accusé ne pouvait bénéficier de l'amnistie vu la nature des faits qui lui étaient reprochés. Mais cet arrêt n'eût aucun effet.

Céline retrouva la France (Nice); le 1er juillet 1951. Il lui restait encore dix ans à vivre. Il mettait tous ses espoirs dans le roman auquel il n'avait cessé de travailler durant six ans, « Féerie pour une autre fois ». Ce pourrait être un second « Voyage ». Publié en deux parties par Gallimard, le roman n'eut presque aucun écho. Les critiques littéraires ont été aussi décontenancés que leurs aînés, vingt ans auparavant. Ce retour en France attendu comme le salut se présentait sous de mauvaises conditions. Lucette était malade et à Menton le couple ne fut pas le bienvenu. Tous deux partirent pour Neuilly chez un ami-admirateur de l'écrivain. Ils revirent par la suite les amis de Montmartre puis quelques temps après, le couple s'installa à Meudon. Mais ce ne fut guère mieux qu'à Menton, car le bruit se répandit très vite que le nouveau résident n'était autre que Céline. Il vécu désormais reclus. Les soucis financiers restaient sa préoccupation constante. Il avait accroché sa plaque de médecin simplement pour la forme.

Quant à l'écriture, Céline était de plus en plus en proie au doute notamment durant les mois qui suivirent le mauvais accueil fait à Normance, en 1954 (titre de la 2eme partie de Féerie pour une autre fois). La notoriété sera retrouvée à partir de 1957 pour au moins quatre ans. D'un « château à l'autre » -peinture faite du petit monde de réfugiés de Sigmaringen- y contribuera. Puis « Nord », en 1960.

Cet exil de 1945 à 1951 fut celui d'un homme en colère, d'un combat, d'une fuite d'un pays qui le réclamera pour le juger. D'autres étaient restés sur place, n'ayant pas envisagé « le départ ». Ils mettront fin à leurs jours ou seront fusillés (Drieu La Rochelle, Robert Brasillach, André Surarès, Denoël...). Cet exil fut donc le combat d'un homme rempli de haine, en proie à des persécutions débouchant sur une agressivité et qui semblait ne pas comprendre pourquoi on lui en voulait, qui eut peur des conséquences d'une probable défaite allemande.

Céline avait écrit à 19 ans : « Ce que je veux avant tout c'est vivre une vie remplie d'incidents que j'espère la providence voudra placer sur me route ». (Extrait du Carnet du cuirassier Destouches). Il avait peut-être eu ce qu'il avait souhaité. Rebelle, sa route a été celle d'un opposant, à tout, d'un revendicateur, avant tout. Mais il était aussi un écrivain écorché vif par l'existence. Un écrivain qui considérait l'écriture comme un art militaire. Son trop plein d'agressivité, de fiel envers les hommes se déversait dans sa prose, ses pamphlets. Ce n'était pas par hasard s'il devenait l'auteur du style littéraire qu'on lui connait. Il correspond bien à une décharge permanente de l'homme face à la vie, à la mort qui l'effrayait. La guerre, il la portait en lui. La mort, les blessures, les bombardements, tout semblait coller à son personnage de « combattant ». L'altercation, la rebuffade, la joute verbale, c'était ce qui l'animait. Sa vie ne semblait être que lutte, combat, fuite, agressivité. Sans doute aspirait-il à être davantage reconnu, aimé, adulé, en toute période. Etre ignoré, rejeté était insoutenable pour lui, le mettait en rage. La déception se transformait en colère et il lui fallait vite une cible pour la décharger.

Était-il obsédé par la phobie des juifs ? L'exposition de ses idées personnelles au public ne pouvait que l'amener un jour à se retrouver vilipendé et contraint à l'exil. Il le savait. Se croyait-il persécuté, possédé par des sentiments de haine

MOBILITES

qu'auraient pu lui porter les autres ?

Amertume, pessimisme l'envahirent en 1936 et il redoubla de violence suite à l'échec de « Mort à Crédit ». Céline attribua désormais une seule et même cause à cet insuccès, la main-mise des juifs sur le monde de la culture et de la presse. Lorsque en Tchécoslovaquie la traduction de « Mort à crédit » fut mal accueillie, il réagit en disant que « la clique juive au pouvoir chez eux ne pouvait manquer de baver de la sorte ». L'idée qui était en lui depuis longtemps mais qui par intermittence se laissait parfois démentir devenait au fil du temps une idée fixe. Elle s'était emparée de lui de manière quasi-obsessionnelle et ne le lâchait plus. Elle pénétrait peu à peu ses écrits publics. Cette idée que les Juifs bloquaient toute la Culture, qu'ils étaient à l'origine de ses échecs avait constitué le point de départ de son obsédant dénigrement. Son attitude n'avait pas relevé d'une véritable Collaboration au sens propre du terme mais d'un règlement de compte personnel au regard d'un parcours individuel.

L'errance, l'exil de Céline auront été certes territoriaux mais aussi littéraires, politiques et intérieurs.

MOBILITES

Aventure littéraire en Russie

Théophile Gautier n'était pas un nomade au sens premier du terme. Il avait la passion du voyage, de la découverte, de « l'ailleurs ». Ecrivain itinérant au statut d'errant ? Ses déplacements étaient source d'inspiration pour ses écrits, moyen pour subvenir aux besoins familiaux, fuite et exutoire d'un trop plein d'énergie. Sociable, entreprenant, toujours en quête d'émotions fortes, une sorte de mouvement perpétuel semblait l'animer. Parmi toutes ses aventures, son déplacement en Russie fut un grand moment d'écriture de voyage. L'infatigable arpenteur, avec une curiosité insatiable, visita de nombreux lieux lors d'un périple de plusieurs mois, rédigea des articles, et réalisa de multiples esquisses.

MOBILITES

Théophile Gautier naquit en 1811, dans une famille royaliste. Il fut très tôt encouragé par son père -très cultivé- lors de ses premières tentatives littéraires. Il fit ses études aux lycées Louis le Grand et Charlemagne. Très vite, il opta pour la poésie. La lecture des premiers Romantiques et son amitié avec Nerval l'entrainèrent sur la voie des mots, lui qui se destinait à la peinture et qui avait d'ailleurs fréquenté pendant deux années l'atelier de Rioult. En 1835, il rédigea un premier roman qui fera scandale - «Mademoiselle de Maupin», traitant de l'identité sexuelle, du travestissement et dont la préface fut sans doute le signe d'un esprit critique, polémique et anti-puritain chez l'écrivain. Outre un intérêt pour une recherche esthétique au sein d'un culte de la beauté (« l'Art pour l'Art », mouvement réhabilitant le travail acharné, minutieux de l'artiste) et un engagement intellectuel, esthétique en faveur d'une autonomisation de l'art, (celui-ci devant être détaché des contraintes de la morale bourgeoise), Théophile Gautier manifesta également un attachement particulier au journalisme. L'homme semblait posséder plusieurs talents, que l'on retrouvait aussi bien dans les récits de voyage, les drames, les romans, que dans les poésies. Il était à la fois critique littéraire, théâtral mais aussi artistique. L'activité journalistique l'accaparait et ne

MOBILITES

le lâchera plus jusqu'à sa mort. Il collabora au journal du soir, *La Charte de 1830*, fondée par Nestor Roqueplan et entra au *Figaro* avec Alphonse Karr ; il y produit des articles de fantaisie, entre autres *Le Paradis des chats*. En 1836, il entra avec Gérard de Nerval à *La Presse,* le nouveau journal d'Emile de Girardin et y commença sa double carrière de critique d'art et de critique dramatique, qu'il poursuivit à partir de 1845 au *Moniteur* et au *Journal officiel*. Gautier écrivit mille deux cents articles, se plaignant de la contrainte que lui imposait la presse quotidienne - son seul véritable gagne-pain – qui était, pour lui, un obstacle matériel à la réalisation d'une œuvre littéraire. Ces articles souvent écrits dans une langue nette, souple et brillante seront regroupés pour la plupart en volumes. Parmi eux : *Les Grotesques*, *L'Histoire des peintres*, l'*Art moderne*, *Les Beaux-Arts en Europe*, l'*Histoire de l'art dramatique depuis vingt-cinq ans*, *Trésors d'art de la Russie*, *Portraits contemporains*, *Histoire du Romantisme*, *Souvenirs littéraires*, etc. Gautier inventa à sa manière une écriture de critique d'art qui ne visait pas seulement le jugement, l'analyse, mais recréait aussi la justesse du sentiment esthétique. Il cherchait à rendre, au moyen de mots, la sensation visuelle, musicale produite par la perception directe de

MOBILITES

l'œuvre d'art. En 1840, il publia son premier récit de voyages - *Tra los Montes* - sous forme de feuilletons dans «La Presse», qui deviendra en 1843 « Voyage en Espagne ». D'autres récits suivirent : *Zigzags* (1845); *La Turquie* (1846), *Italie* (1852), *Constantinople* (1854), *Quand on voyage* (1865) et «*Voyage en Russie* » (1866). L' Espagne (1), il la connaissait à travers les *Contes d'Espagne et d'Italie* d'Alfred de Musset et les *Orientales* de Victor Hugo. Son voyage personnel dans la péninsule l'amena à rédiger des carnets d'impressions, marqués par la fraîcheur du regard, l'étonnement de la vision et le souci toujours exacerbé de la justesse du dire. Après l'Algérie en 1845, Théophile Gautier se rendit en Italie en 1850, en Grèce et en Turquie en 1852, en Russie, en 1858. Puis en 1869, il partit pour l'Egypte, envoyé par le Journal Officiel pour l'inauguration du canal de Suez. Chacun de ses voyages donna lieu à des publications qui viendront nourrir par la suite ses œuvres littéraires. Ecrivain-voyageur boulimique, aventurier, nomade parfois, il était à l'affût de toute aventure en terre étrangère.

Gautier partit en Russie d'octobre 1858 à mars 1859 puis durant l'été 1861. Il avait été sollicité par un éditeur (2) de Saint Pétersbourg qui souhaitait publier un ouvrage luxueux sur la Russie, en y

MOBILITES

mêlant héliogravures et textes. Le titre avait déjà été choisi : «Trésors d'art de la Russie ancienne et moderne ». Un photographe français fut chargé de faire des clichés, et Gautier de rédiger des textes d'accompagnement. Le projet avait obtenu l'approbation des autorités françaises. C'est de Saint-Pétersbourg que l'écrivain fit parvenir ses premiers reportages au *Moniteur*, dirigé par l'un de ses amis, Julien Turgan, et à la *Revue nationale et étrangère*, sous forme d'une série de feuilletons. Ses «Esquisses de voyage» sont publiées également dans *le Journal de Saint Pétersbourg*. Ayant pris un congé de six mois auprès du *Moniteur*, il dût, en contrepartie, fournir des traces de son voyage au quotidien. Cela lui rapportait, outre une évasion bienvenue, la somme de 200 Francs par feuilleton. Théophile Gautier savait ainsi rentabiliser l'une de ses passions : les voyages à l'étranger. Ce sont les textes du *Moniteur Universel* qui constitueront plus tard la majeure partie de

(1) «En mai 1840, je partis pour l'Espagne. Je n'étais encore sorti de France que pour une courte excursion en Belgique. Je ne puis décrire l'enchantement où me jeta cette poétique et sauvage contrée, rêvée à travers les *Contes d'Espagne et d'Italie* d'Alfred de Musset et les *Orientales* de Hugo. Je me sentis là sur mon vrai sol et comme dans une patrie retrouvée. Depuis, je n'eus d'autre idée que de ramasser quelque somme et de partir : la passion ou la maladie du voyage s'était développée en moi. En 1845, aux mois les plus torrides de l'année, je visitai toute l'Afrique française et fis, à la suite du maréchal Bugeaud, la première campagne de Kabylie contre Ben-Kasem-ou-Kasi. « *l'Illustration 9/3/61867*

MOBILITES

« Voyage en Russie ».

A cette période, l'écrivain vivait modestement de ses critiques d'art et de théâtre. Il attendait donc toute occasion de trouver des ressources complémentaires. La fin des hostilités franco-russes lui ouvrit de nouvelles perspectives ; il y avait là-bas, à l'Est un terrain à exploiter pour asseoir sa réputation de voyageur et de critique. La Russie, depuis Pierre le Grand, jouissait d'une bonne renommée où il était envisageable d'y faire fortune.

L'empire des Tsars cherchait, en ce milieu du XIXe à se faire connaître sous un angle plus réjouissant que celui immortalisé dans La Russie en 1839, d'Astolphe Custine. Cet écrivain avait décrit l'empereur Nicolas Ier de manière peu flatteuse ce qui lui avait valu l'interdiction de son ouvrage dans l'empire. Balzac avait également séjourné en Russie. Il avait rédigé « Lettre sur Kiev » où il ne cachait pas une certaine déception. Mais ce sont surtout

---

(2) «Plus récemment, une publication d'art, dont je devais écrire le texte, m'envoya en Russie en plein hiver, et je pus savourer les délices de la neige. L'été suivant, je poussai jusqu'à Nijni-Novgorod, à l'époque de la foire, ce qui est le point le plus éloigné de Paris que j'aie atteint. Si j'avais eu de la fortune, j'aurais vécu toujours errant. J'ai une facilité admirable à me plier sans effort à la vie des différents peuples. Je suis Russe en Russie, Turc en Turquie, Espagnol en Espagne, où je suis retourné plusieurs fois par passion pour les courses de taureaux, ce qui m'a fait appeler, par la Revue des Deux Mondes, « un être gras, jovial et sanguinaire. » *L'illustration ,9 mars 1867*

MOBILITES

les trajets qu'il décrit pour aller rejoindre la femme qu'il aime, Ewa Hanska. Déplacements qui lui vaudront d'être surveillé par les agents secrets du Tsar qui se méfie de cet écrivain-amoureux pourtant tant apprécié par les Russes.

Quant à Théophile Gautier, l'avait-on sollicité pour ses talents ou parce qu'il était toujours en proie à des difficultés financières ? En tout cas, il répondit favorablement à l'offre, avide de saisir l'opportunité de gagner vite et facilement de l'argent. Qu'en sera-t-il réellement ?

L'écrivain sillonna ce vaste pays à une époque exceptionnelle, véritable tournant de son histoire : en l'espace de ces trois années (1858-61), les structures sociales de l'ancienne Russie furent remises en question, puis fondamentalement transformées. Le second empire russe était encore peu connu en France : rares demeuraient les touristes. L'Europe occidentale réduisait ce pays à son seul gouvernement, à quelques militaires, diplomates, ministres ou à ses souverains successifs dont on connaissait la terrifiante histoire grâce à Lamartine notamment. Les Français étaient peu au fait de la société russe, déjà quelque peu déstabilisée par une opposition grandissante. En 1855, on n'arrivait à peine à croire que le régime autocrate de Nicolas Ier s'achevait, et que la Russie semblait apparemment prête à devenir une nation comme une autre.

C'est donc dans cette période d'effervescence où un courant de renouveau général de la société russe se dessinait que Gautier fit ses séjours. Les autorités russes à l'égard de l'occident étaient en demande de reconnaissance, et Gautier entra dans ce jeu, sans en être vraiment l'initiateur.

Alexandre Dumas (père) partit également en Russie durant cette période, précédant Gautier de quatre mois. Ils revinrent tous les deux en France en mars 1859 sans s'être rencontrés. Dumas était très présent au niveau de son texte, relatant ses aventures à peine croyables. Quant à Gautier, il se révélait d'une grande discrétion, favorisant l'objectivité d'un guide descriptif, à l'opposé des commentaires de voyage des Romantiques qui s'intégraient eux-mêmes au centre de leur récit. Ainsi, les monuments sont décrits méticuleusement. Jamais l'écrivain ne quitte son attitude de critique d'art ou de critique dramatique. Gautier, avec un regard de poète et d'artiste, s'attache à décrire les paysages, les architectures et les costumes qui le fascinent. Il peint, il dessine, il grave le pays. Dumas, lui, se fait historien ; chaque objet lui fournit un prétexte à des développements événementiels, plus proches de la légende que de la réalité. Il n'oublie pas de noter en détail les aspects les plus sombres de l'autocratie. Il commente aussi la littérature russe dont il connaît les principaux représentants. Il rend souvent hommage aux efforts d'Alexandre II, notamment pour l'abolition du servage, tout en restant très critique par ailleurs.

Des difficultés financières apparurent bien vite pour Gautier. La vie était chère à Saint-Pétersbourg si bien qu'il ne pouvait envoyer d'argent à sa famille dans le besoin. Il dût quitter un hébergement à l'hôtel pour se rendre chez un ami, un acteur français, Henri Verlet. Le moral était au plus bas contrairement à l'optimisme enthousiaste qui transparaissait dans les feuillets adressés au *Moniteur*. Il fut saisi du mal du pays dont il fit part, en décembre 1858, à ses sœurs.

Gautier eut peu de contacts avec les Russes. Il se fit surtout des amis français. Ernest Mussard, secrétaire des commandements de la princesse Marie, sœur d'Alexandre II, le recevait le dimanche et l'entrainait dans les milieux artistiques qu'il affectionnait puisqu'il se destinait préalablement à la peinture. Mais sa rencontre avec Victor Hugo en juin 1829 changea le cours de sa vie et fut décisive pour son entrée dans la littérature. Dans un des cercles artistiques qu'il fréquentait, il fit la connaissance, entre autres, d'une peintre-aquarelliste, M.A. Baubey, la femme d'un joaillier renommé. Ils resteront tous deux en contact jusqu'à la mort de Gautier. Par ailleurs, lors de rencontres au sein d'une société d'artistes et d'amateurs appelés les Vendrediens, il connut d'autres peintres qu'il critiqua élogieusement dans *le Moniteur*. Les relations avec les peintres russes dont Popov et Sverckov n'étaient pas aussi spontanées ni durables.

Concernant la littérature, Gautier, dans ses récits de voyage, évoquait principalement des écrivains étrangers, allemands, italiens, espagnols, britanniques. Cependant, en France, depuis la Monarchie de juillet, on notait un engouement pour le roman russe ; le public disposait de traductions de Pouchkine, Gogol, Tourgueniev entre autres. Les fréquentations de Gautier, dans le milieu théâtral étaient limitées aux artistes invités. Il recherchait, en fait, dans la capitale russe, moins l'originalité de la vie locale que des éléments de sa conception personnelle des arts, développée lors de ses voyages en Europe occidentale.

Cependant, l'Orient constituait pour Gautier un espace privilégié lors de ses descriptions. Elles seront l'occasion de mises en valeur de l'art byzantin qui le fascinait. L'écrivain ébauchait un guide à travers le monde des arts et de l'architecture russe moderne. Moscou était ainsi réduite à ses principaux monuments selon le point de vue d'un globe-trotter français. Les circonstances du séjour expliquaient l'absence d'engagement perceptible dans ses textes. Contrairement à Custine, il décida de ne rien critiquer pour ne pas mettre ses intérêts en cause. Un organe officiel comme *le Moniteur* se devait de suivre la ligne de conduite du gouvernement. De surcroît, cela aurait pu compromettre la rémunération pour les «Trésors», de la part de la Russie. Théophile Gautier chercha une autre Russie que celle de Custine. Peintre, poète plutôt que philosophe ou journaliste, il immortalisa des visions fugitives de la Russie dans une suite d'eaux-fortes, de tailles-douces et de pastels. Il s'émerveillait devant les prestiges de la capitale des neiges qu'il appelait « l'Athènes du Nord ». Ebloui par les palais et les cathédrales aux teintes pastel, il savourait l'hiver avec sa glisse en traîneau sur la Perspective Nevski, la bénédiction de la Néva en présence du tsar, dans le Palais d'hiver......

Il fut reproché à Gautier d'avoir négligé la vraie

MOBILITES

Russie, de ne pas avoir vu le peuple russe (3). Loin des antagonismes sociaux et culturels constatés par Custine, une sorte d'harmonie paraît toujours se dessiner pour lui, jusque dans les rencontres les plus diverses qu'il a faites. On est bien loin des antagonismes sociaux et culturels constatés par Custine. A Nijni Novgorod, lors de la foire, il sera en présence de moujiks. Laissant de côté cette fois les descriptions fort détaillées des frontons, portiques, façades, péristyles, colonnes, il intégrera dans son récit des observations davantage sociologiques, ethnographiques. Une place sera faite à l'humain, à l'observation des Hommes. Le discours purement descriptif, proche du « Guide de voyage culturel » s'effacera au profit d'un autre plus riche en subjectivité. Par ailleurs, Gautier restait fasciné par les gitans, par le nomadisme.

    Il n'aborda pas, comme l'avait fait Alexandre Dumas, le thème du servage, brûlant sujet qui déchaînait les esprits à l'Est comme à l'Ouest. A travers sa correspondance privée, on s'est rendu compte cependant qu'il avait bien des idées personnelles sur le pays qu'il traversait. On a découvert dans quelle mesure l'abolition du servage le préoccupait. Mais n'était-ce pas pour des raisons personnelles...?

MOBILITES

L'actualité du moment c'était l'émancipation des serfs et toute la question économique qui en découlait. Pour Gautier, cela signifiait d'éventuels soucis financiers. Les crédits promis pouvaient être revus à la baisse du fait d'un manque d'intérêt conjoncturel par le peuple russe pour l'art, durant cette période. Le bouleversement économique actuel pouvait entraver les projets de Gautier qui n'était pas venu en Russie pour relater la politique du pays. D'ailleurs, l'actualité n'était pas son sujet favori. De plus, il n'était pas un observateur patenté du gouvernement. Donc, il mettait de côté habilement tous les sujets qui auraient pu le mettre

---

(3) «Quand je pars en voyage, je commence par laisser à Paris mes verges de critique....... Je voyage pour voyager, c'est-à-dire pour voir et jouir des aspects nouveaux, pour me déplacer, sortir de moi-même...... Je suis allé en Russie pour la neige, le caviar et l'art byzantin. La voilà, ma méthode. S'assimiler les mœurs et les usages des pays que l'on visite, voilà le principe...... Combien est vaine cette critique faite à mes Voyages ? Ils me disent : « Dans votre Russie, il n'y a pas de Russes ! ». J'étais Russe moi-même à St Pétersbourg comme le suis Parisien sur les boulevards !......... J'ai usé ma vie à poursuivre, pour le dépeindre, le Beau, sous toutes ses formes de Protée, et je ne l'ai trouvé que dans la nature et dans les arts. L'homme est laid, partout et toujours, et il me gâte la création. Il ne vaut que par son intelligence. Mais comme cette intelligence ne se manifeste que par ses productions, je m'en tiens à ses productions.... De même, une ville ne m'intéresse que par ses monuments ; pourquoi ? Parce qu'ils sont les résultats collectifs du génie de sa population...... » D'après « Théophile Gautier, entretiens, correspondance ». Emile Bergerat. 1879

dans une situation délicate au regard des autorités de St Pétersbourg auprès desquelles il était dépendant.

Voyager pour voyager, tel était donc le mot d'ordre de Théophile Gautier et s'abstenir de tout jugement sauf esthétique. Les arts peuvent se révéler pacificateurs. Le poète-esthète ne se trouvait sans doute pas à son aise, en Russie, en cette période trouble. Il était un globe-trotter, fuyant la société moderne avec son matérialisme naissant et partant à la (con)quête du Beau. Il ne songeait donc pas à quitter ses préoccupations habituelles. Son objectif était de brosser un tableau des lieux, des cités, des monuments, des œuvres. Ce travail convenait à son tempérament. Son regard sur le pays était celui d'un artiste. Ses descriptions enjolivées relevaient du pittoresque teintées de beauté et d'harmonie. La critique d'art alternait parfois avec la poésie. Les images, les esquisses se voulaient plaisantes, attirantes, exécutées sans faille. Le tout constituait une sorte de conte de fées où la civilisation, l'économie, la société et même la littérature n'ont que très peu de place dans les récits.

Gautier contesta ses prédécesseurs, notamment Custine, sur les détails de la vie quotidienne. Tout

MOBILITES

devenait sujet à un émerveillement presque naïf. Les particularités de l'architecture russe et moscovite sont presque passées sous silence, alors que sont mises en valeur les singularités des styles asiatique, arabe et même gothique. L'écrivain s'est rarement intéressé à l'histoire d'un bâtiment, aux drames humains qui entourèrent sa construction. Il était parti de France pour écrire un commentaire accompagnant des héliogravures. Et au final, on le retrouva comme commentateur, Guide du monde des arts et de l'architecture russes.

Un article d' Edouard Thierry sera publié le 25 mai 1859 dans le *Moniteur universel,* annonçant une première livraison (six feuilles in-folio, avec planches héliographiques) des «Trésors d'art de la Russie ancienne et moderne». Article très élogieux, justifiant le voyage de Gautier en Russie, vantant son style et précisant que l'ouvrage serait terminé dans les deux ans et demi. Ce qui ne fut pas le cas.

Un premier volume des « Trésors » sera publié, avec deux cents photos d'Ambroise Richebourg et des textes de Théophile Gautier surtout consacrés aux bâtisses du XVIIIe. Mais ce sera le seul. L'entreprise, trop coûteuse, n'avait pas suscité assez de souscriptions, ni en Russie, ni en France, pour

MOBILITES

être poursuivie. Les autorités russes accusèrent la lenteur de la livraison des manuscrits. Richebourg, chargé de faire les clichés, faute d'être payé, boycotta l'entreprise en refusant de transmettre ses héliogrammes. De l'aventure russe restaient hormis les cinq fascicules, les articles du *Moniteur*. Le magnifique projet de promotion de l'architecte russe échoua par la faute des deux partis : l'éditeur avait trop promis et les subventions russes ne virent jamais le jour.

Théophile Gautier projeta d'écrire un livre, portant le titre de « Saint Pétersbourg ». En fait, une première édition de « Voyage en Russie » parut en 1867, en deux volumes, sous les titres de « l'hiver en Russie » et de « l'été en Russie ». L'ouvrage eut son intitulé définitif et unique avec la deuxième édition, parue après la mort de l'écrivain. Plus de sept années s'écoulèrent donc entre la parution des feuilletons dans la presse et l'édition de l'ouvrage. Quand il sortit, l'intérêt pour le sujet était passablement réduit d'autant plus qu'il sortait beaucoup de publications concernant la Russie, à cette période. Cependant Baudelaire ainsi que Emile Faguet commentèrent positivement l'ouvrage. Quant aux Russes, encore sous le choc du pamphlet de Custine et les diatribes de Dumas, ne comprirent

MOBILITES

pas l'éloquence descriptive de Gautier, qui semblait malgré tout reléguer la Russie aux confins de l'Europe. Il s'était enthousiasmé pour l'art moscovite, se contentant de décrire les palais néoclassiques de Saint-Pétersbourg sans louer la modernité de l'architecture du pays. Les Russes, quelque peu déçus, avaient d'ailleurs décidé de suspendre les subventions pour l'album, sans doute suite à la lecture des feuilletons dans le *Moniteur*.

Le voyageur-poète ne désespéra pas de cet échec. Écrivain talentueux, magistral critique d'art, défenseur d'un Art pur et désengagé, Gautier était un esthète. Ses souvenirs de Russie, spontanés, bienveillants certes valent mieux que des commentaires obligés, imposés par un puissant créditeur. « Voyage en Russie » a le mérite de servir de guide de voyage sur une partie du territoire, en compagnie de l'écrivain. Les descriptions (4) sont plaisantes à lire, avant ou après les découvertes. On ignore les sources d'informations de Gautier, hormis l'ouvrage de Custine. Mais il dut y en avoir d'autres. Avec son « Voyage », le journaliste- reporter figure parmi les premiers voyageurs à honorer l'art ancien de la Russie, que Custine et Dumas avaient ignoré.

MOBILITES

Théophile Gautier fait partie des écrivains qui ont le plus voyagé au XIXe siècle. Tantôt errant tantôt nomade, ses déplacements ont toujours été teintés d'exaltation « du divers ».

---

(4) « Cette construction suspendue et, malgré son volume, légère à l'œil, est en bois travaillé avec beaucoup d'art et de goût. Nous ne saurions mieux la définir qu'en l'appelant une herse de sculptures abaissée à demi devant le chœur..... Derrière le jubé avec ses trois arcades, sa galerie de statuettes, son horloge mécanique où l'heure est sonnée par un squelette et un ange portant la croix ». (Lubeck) ». « La division intérieure de l'édifice est d'une simplicité que l'œil et l'esprit comprennent sur-le-champ ; trois nefs aboutissent aux trois portes de l'iconostase, coupées transversalement par la nef qui figure les bras de la croix qu'achève, à l'extérieur, la saillie des portiques ; au point d'intersection s'élève la coupole ; aux angles quatre dômes se font symétrie et marquent le rythme architectural. » (Saint Isaac)

MOBILITES

MOBILITES

MOBILITES

De l'attachement maternel au nomadisme affectif   9
Péripéties d'un voyage au bout de la vie   21
Aventure littéraire en Russie   47

MOBILITES

Editeur :
Books on Demand GmbH
12/14 rond-point des Champs Elysées,
75008 Paris, France
Impression :
Books on Demand GmBH, Norderstedt,
Allemagne
ISBN : 978-2-8106-2488-1
Dépôt légal : novembre 2012
www.bod.fr

Jean-Luc Netter
jlnetter@yahoo.fr